About this book

Welcome to Book 1 of **Learning Spanish with Chez.** This beginning book helps children sharpen their listening skills, follow directions, and practice eye-hand coordination as they learn number concepts 1-10, recognize colours, animals, fruits and parts of the face.

Children will enjoy colouring large simple objects, tearing, cutting, tracing and gluing on the activity sheets.

Spanish with Chez
First edition 2017.

Author: **Shana-Kay Barnett**
Typesetters and Illustrators: **REACT Online Marketing**
Designer: **Camille U. Henry** for **Pu • AURA Communications**

To place an order send an email to:
Senorita Barnett
Email: **hola@senoritabarnett.com**
Website: **www.senoritabarnett.com**
Telephone number:**1-876-562-1139**

Contents

Los números
Count the balloons in Spanish

1 - uno	4 - cuatro	7 - siete	10 - diez
2 - dos	5 - cinco	8 - ocho	
3 - tres	6 - seis	9 - nueve	

Me llamo

How many balloons do you see?
Colour the balloon.

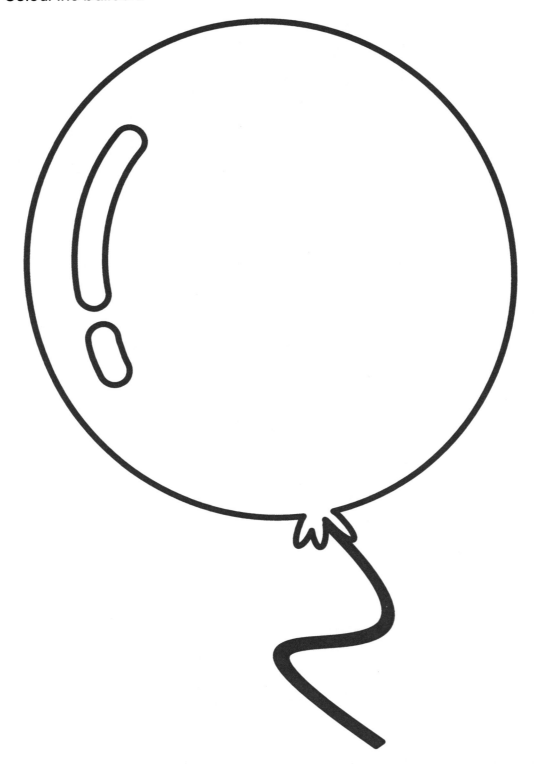

  TEACHER & PARENT GUIDE
"**Me llamo**" (**meh-yamo**) means "**my name is**". On the line allow the child to write his/her name
or you can assist. Touch the balloon and say, **uno (oo-noh)**.

Spanish with Chez - Kindergarten

Me llamo _____

How many seashells do you see?
Colour the seashells.

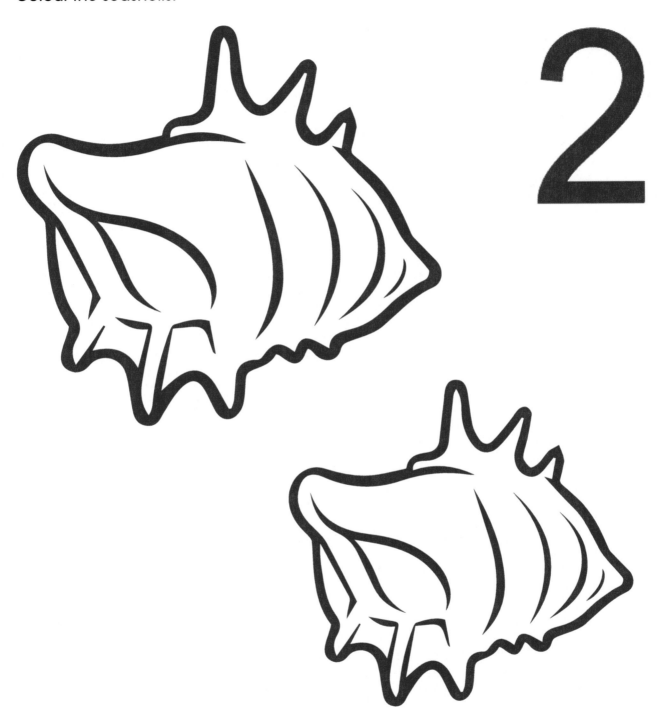

2

TEACHER & PARENT GUIDE
Touch the seashells and say, **uno (oo-noh)**, **dos (dohs)**.

5

Spanish with Chez - Kindergarten

Me llamo _____

How many starfish do you see?
Colour the starfish.

3

TEACHER & PARENT GUIDE
Touch the starfish and say, **uno (oo-noh)**, **dos (dohs)**, **tres (trehs)**.

Spanish with Chez - Kindergarten

Me llamo_____

How many stingrays do you see?
Colour the stingrays.

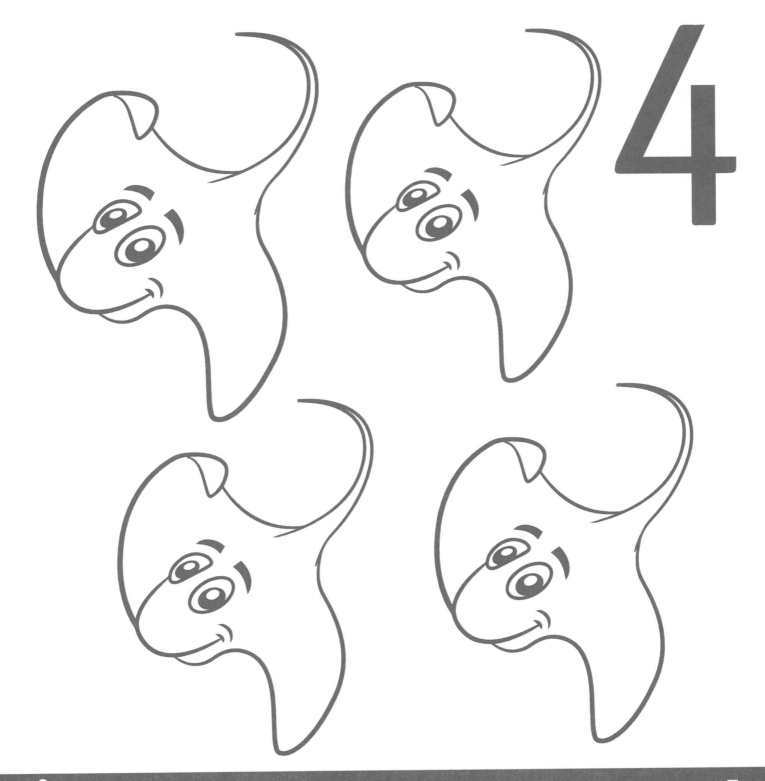

4

TEACHER & PARENT GUIDE
Touch the stingrays and say, **uno (oo-noh), dos (dohs), tres (trehs), cuatro (cuah-troh).**

Spanish with Chez - Kindergarten

Me llamo _____

How many leaves do you see?
Colour the leaves.

5

8 **TEACHER & PARENT GUIDE**
Touch the leaves and say, **uno (oo-noh)**, **dos (dohs)**, **tres (trehs)**, **cuatro (cuah-troh)**,
cinco (sin-coh).
Spanish with Chez - Kindergarten

Me llamo _____

How many cupcakes do you see?
Colour the cupcakes.

6

TEACHER & PARENT GUIDE
Touch the cupcakes and say, **uno (oo-noh), dos (dohs), tres (trehs), cuatro (cuah-troh), cinco (sin-coh), seis (seh-is).**

9

Spanish with Chez - Kindergarten

Me llamo

How many balls do you see?
Colour the balls.

7

TEACHER & PARENT GUIDE
Touch the balls and say, **uno (oo-noh), dos (dohs), tres (trehs), cuatro (cuah-troh), cinco (sin-coh), seis (seh-is), siete (see-eh-teh).**

Spanish with Chez - Kindergarten

Me llamo _____

How many tentacles do you see?
Colour the octopus.

8

TEACHER & PARENT GUIDE

11

Touch the tentacles and say, **uno (oo-noh), dos (dohs), tres (trehs), cuatro (cuah-troh), cinco (sin-coh), seis (seh-is), siete (see-eh-teh), ocho (oh-choh).**

Spanish with Chez - Kindergarten

Me llamo

How many jellyfish do you see?
Colour the jellyfish.

9

TEACHER & PARENT GUIDE
Touch the jellyfish and say, **uno (oo-noh), dos (dohs), tres (trehs), cuatro (cuah-troh), cinco (sin-coh), seis (seh-is), siete (see-eh-teh), ocho (oh-choh), nueve (noo-eh-veh).**

Spanish with Chez - Kindergarten

Me llamo_____

How many ladybugs do you see?
Colour the ladybugs.

10

TEACHER & PARENT GUIDE   **13**
Touch the ladybugs and say, **uno (oo-noh), dos (dohs), tres (trehs), cuatro (cuah-troh), cinco
(sin-coh), seis (seh-is), siete (see-eh-teh), ocho (oh-choh), nueve (noo-eh-veh), diez (dee-ez).**
Spanish with Chez - Kindergarten

Me llamo _____

Draw, colour and count the ice cream scoops.
Remember to speak in Spanish.

UNO

DOS

14 🐾

Me llamo_____

Draw, colour and count the ice cream scoops.
Remember to speak in Spanish.

2

3

4

15

Me llamo

Draw, colour and count the ice cream scoops.
Remember to speak in Spanish.

Me llamo

Draw, colour and count the ice cream scoops.
Remember to speak in Spanish.

8

9

10

 17

❧Vocabulario

- 🐾 **vocabulary** - vocabulario (voh-cah-buh-lah-ree-oh)

- 🐾 **numbers** - los números (lohs nuh-may-rohs)

- 🐾 **ball** - pelota (peh-loh-tah)

- 🐾 **balloon** - globo (gloh-boh)

- 🐾 **cupcake** - magdalena (mag-dah-lay-nah)

- 🐾 **jellyfish** - medusa (meh-doo-sah)

- 🐾 **ladybug** - mariquita (mah-ree-quee-tah)

- 🐾 **leaf** - hoja (oh-hah)

- 🐾 **octopus** - pulpo (puhl-poh)

- 🐾 **seashell** - concha (con-chah)

- 🐾 **starfish** - estrella de mar (eh-streh-yah deh mahr)

- 🐾 **sting ray** - mantarraya (man-tahr-rah-yah)

- 🐾 **ice cream** - helado (el-ah-doh)

18 🐾 **TEACHER & PARENT GUIDE**
The Spanish **"j"** is pronounced like the English **"h"**. The Spanish **"ll"** is pronounced like the English **"y**

Spanish with Chez - Kindergarten

✿ Saludos

¡hola!
(oh-lah)
hello

buenos días
(bweh-nohs dee-ahs)
good morning

buenas tardes
(bweh-nahs tar-des)
good afternoon
/evening

buenas noches
(bweh-nahs noh-chehs)
good night

Los colores

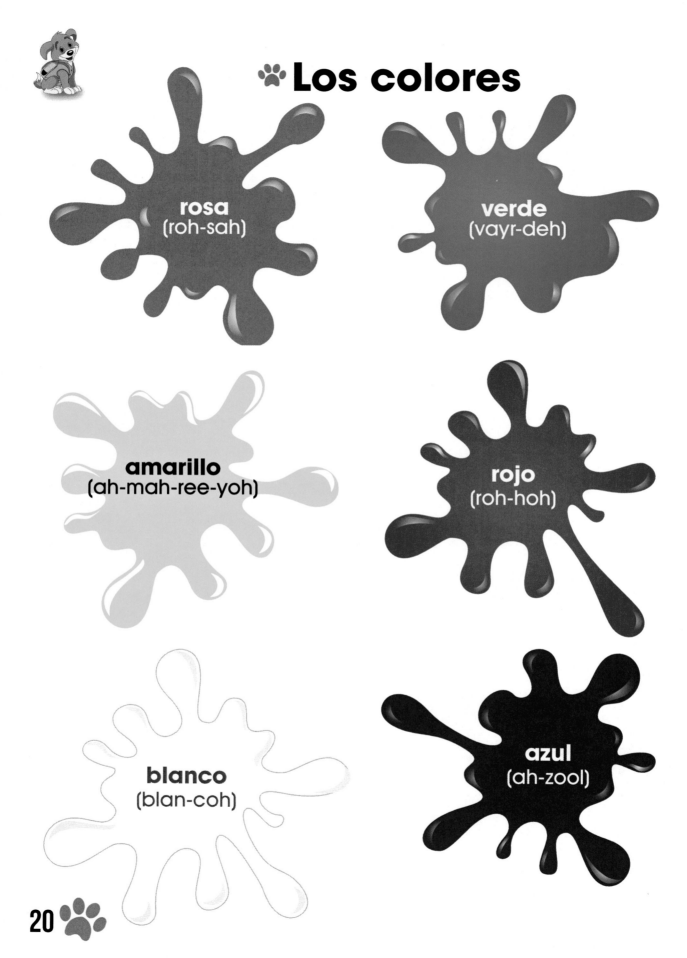

rosa
(roh-sah)

verde
(vayr-deh)

amarillo
(ah-mah-ree-yoh)

rojo
(roh-hoh)

blanco
(blan-coh)

azul
(ah-zool)

Me llamo

Use coloured paper to decorate la banana, the colour **AMARILLO.**

TEACHER & PARENT GUIDE

Allow your child to tear coloured papers in strips to decorate the banana. Paste the paper onto the drawing. The Spanish word for yellow is **amarillo (ah-mah-ree-yoh)** or **amarilla (ah-mah-ree-yah)** depending on what it is describing, and for banana we say la banana *(banana sounds the same in Spanish)*. **'ll'** together in Spanish is pronounced like an English **'y'** as in **yo-yo.**

21

Spanish with Chez - Kindergarten

Me llamo _____

Use coloured paper to decorate la ballena, the colour **AZUL.**

TEACHER & PARENT GUIDE
Allow your child to tear coloured papers in strips to decorate the whale. Paste the paper onto the drawing. The Spanish words for blue is **azul (ah-zool)** and for whale we say la ballena **(la bah-yay-nah)**.

Spanish with Chez - Kindergarten

Me llamo

Use coloured paper to decorate las nubes, the colour BLANCA.

TEACHER & PARENT GUIDE

Allow your child to use white cotton to decorate the clouds. Paste the cotton onto the drawing. The Spanish word for white is **blanco (blan-coh)** or **blanca (blan-cah)** depending on what it is describing, and cloud is **la nube (la nooh-beh).** We add **'s'** to **la (las)** and nube **(nubes)** to form the plural.

Me llamo _____

Use coloured paper to decorate el cerdo, the colour **ROSA.**

TEACHER & PARENT GUIDE
Allow your child to tear coloured papers in strips to decorate the pig. Paste the paper onto the drawing.
The Spanish words for blue is **pink (roh-sah).** For pig we say el cerdo **(el sayr-doh).**

Spanish with Chez - Kindergarten

Me llamo

Use coloured paper to decorate la hoja, the colour **VERDE**.

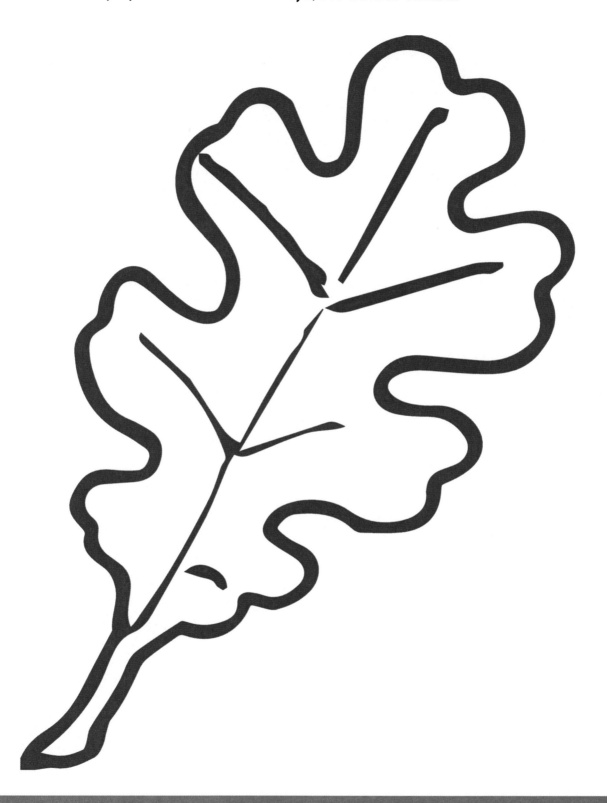

TEACHER & PARENT GUIDE
Allow your child to tear coloured papers in strips to decorate the apple. Paste the paper onto
the drawing. The Spanish word for green is **verde (vayr-deh)**. For leaf we say **la hoja (oh-hah)**.
Spanish with Chez - Kindergarten

25

Me llamo

Use coloured paper to decorate la manzana, the colour **ROJA**.

TEACHER & PARENT GUIDE
Allow your child to tear coloured papers in strips to decorate the apple. Paste the paper onto the drawing. The Spanish word for red is **rojo (roh-hoh) or roja (roh-hah)** depending on what it is describing. For apple we say **la manzana (man-zah-nah).**

Spanish with Chez - Kindergarten

🐾 Saludos

Me llamo

Colour the Jamaican flag.

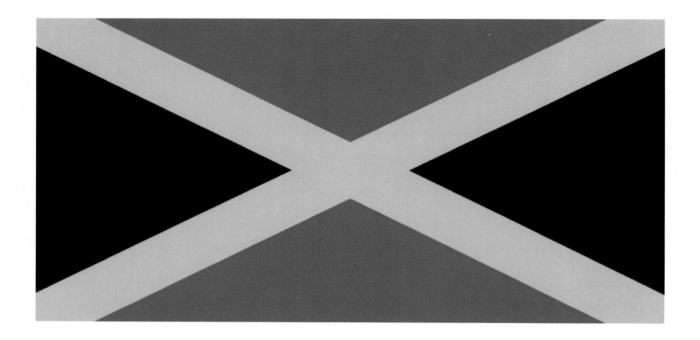

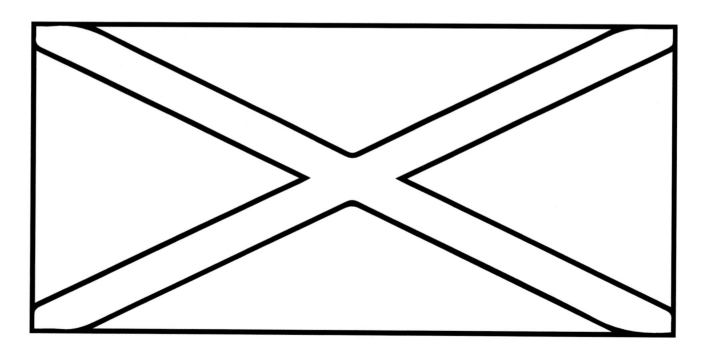

Spanish with Chez - Kindergarten

Me llamo

Colour the things that are **AZUL.**

Me llamo

Colour the things that are **ROJA**.

30

Spanish with Chez - Kindergarten

Me llamo

Colour the things that are VERDE.

31

Me llamo

Colour the things that are AMARILLO.

Me llamo _____

Colour the things that are **ROSA**.

☙ **Vocabulario**

☙ **apple** - manzana **(man-zah-nah)**

☙ **banana** - banana **(bah-nah-nah)**

☙ **blue** - azul **(ah-zool)**

☙ **cloud** - nube **(noo-beh)**

☙ **the colours** - los colores **(lohs coh-loh-rehs)**

☙ **green** - verde **(vayr-deh)**

☙ **leaf** - hoja **(oh-hah)**

☙ **paint** - pintar **(pin-tahr)**

☙ **pig** - cerdo **(sayr-doh)**

☙ **pink** - rosa **(roh-sah)**

☙ **red** - rojo **(roh-hoh)**

☙ **whale** - ballena **(bah-yay-nah)**

☙ **white** - blanco **(blan-coh)**

☙ **yellow** - amarillo **(ah-mah-ree-yoh)**

Los animales

gato
(gah-toh)

perro
(payr-roh)

pez
(pehz)

cerdo
(sayr-doh)

35

🐾 Los animales

vaca
(vah-cah)

cabra
(cah-brah)

mono
(moh-noh)

león
(lay-on)

Me llamo _____

Trace and colour **el gato.**

gato
(gah-toh)

TEACHER & PARENT GUIDE
Allow your child to use two different colour crayons to trace and colour the cat. The word for cat is
el gato (el gah-toh). It would be a great time to review the colours in Spanish.

37

Spanish with Chez - Kindergarten

Me llamo

Trace and colour **el pez**.

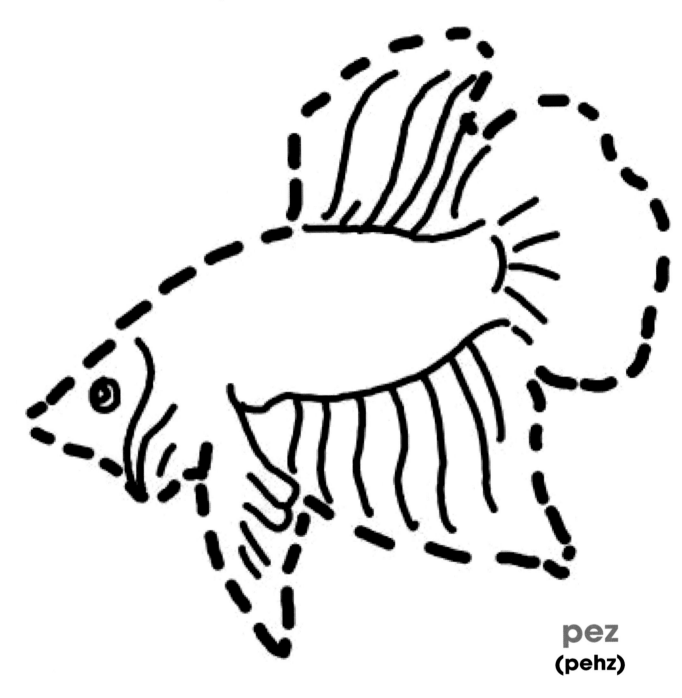

pez
(pehz)

38 TEACHER & PARENT GUIDE
Allow your child to use two different colour crayons to trace and colour the cat. The word for fish is
el pez (el pehz). It would be a great time to review the colours in Spanish.

Spanish with Chez - Kindergarten

Me llamo _____
Trace and colour **el perro**.

perro
(payr-roh)

TEACHER & PARENT GUIDE
Allow your child to use two different colour crayons to trace and colour the dog. The word for dog
is **el perro (el payr-roh).** It would be a great time to review the colours in Spanish.

39

Spanish with Chez - Kindergarten

Me llamo _____

Trace and colour **el cerdo.**

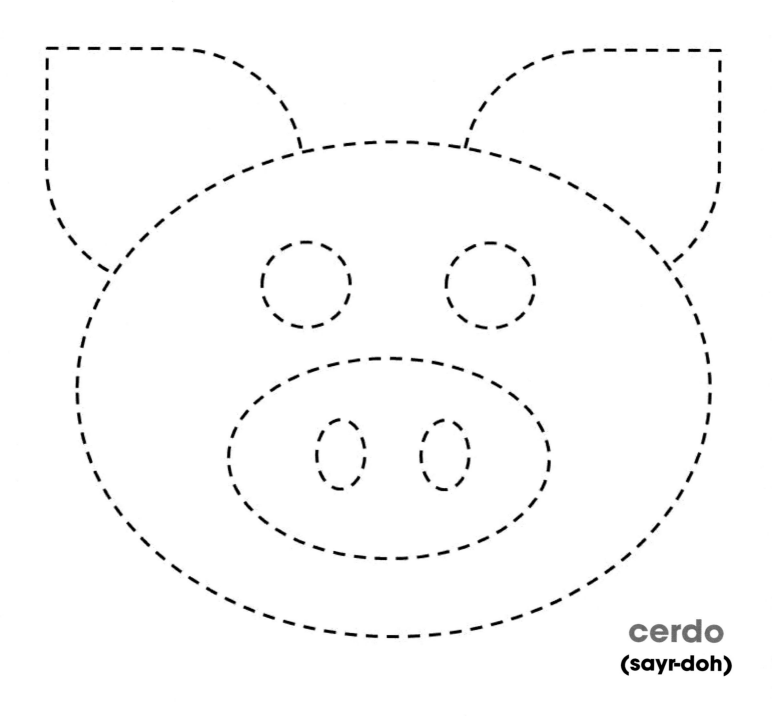

cerdo
(sayr-doh)

Allow your child to use two different colour crayons to trace and colour the pig. The word for pig is **el cerdo (el sayr-doh)**. It would be a great time to review the colours in Spanish.

Spanish with Chez - Kindergarten

Me llamo_____

Trace and colour **la vaca.**

vaca
(vah-cah)

TEACHER & PARENT GUIDE
Allow your child to use two different colour crayons to trace and colour the cow. The word for cow
is **la vaca (la vah-cah)**. It would be a great time to review the colours in Spanish.

41

Spanish with Chez - Kindergarten

Me llamo

Trace and colour **la cabra.**

cabra

(cah-brah)

TEACHER & PARENT GUIDE
Allow your child to use two different colour crayons to trace and colour the goat. The word for goat is **la cabra (la cah-brah).** It would be a great time to review the colours in Spanish.

Me llamo_____

Trace and colour **el mono**.

mono
(moh-noh)

Me llamo

Trace and colour **la ratón.**

ratón
(rah-ton)

🐾 **TEACHER & PARENT GUIDE**

Allow your child to use two different colour crayons to trace and colour the mouse. The word for mouse is **la ratón (la rah-ton).** It would be a great time to review the colours in Spanish.

Spanish with Chez - Kindergarten

Me llamo _____

Paste the animals in their correct box.

cabra	gato	pez
perro	**vaca**	**cerdo**

45

🐾 Vocabulario

🐾 **the animals -** los animales **(lohs ah-nee-mah-lehs)**

🐾 **cat -** gato **(gah-toh)**

🐾 **cow -** vaca **(vah-cah)**

🐾 **dog -** perro **(payr-roh)**

🐾 **pig -** cerdo **(sayr-doh)**

🐾 **fish -** pez **(pehz)**

🐾 **goat -** cabra **(cah-brah)**

🐾 **lion -** león **(lay-on)**

🐾 **monkey -** mono **(moh-noh)**

🐾 **mouse -** ratón **(rah-ton)**

 47

❧ La cara

cabeza
head
(ca-bay-sah)

hair

pelo
(payl-oh)

ojos
(oh-hos)

eyes

nariz
(nah-ris)

nose

orejas
(oh-ray-hahs)

ears

boca
(boh-cah)

mouth

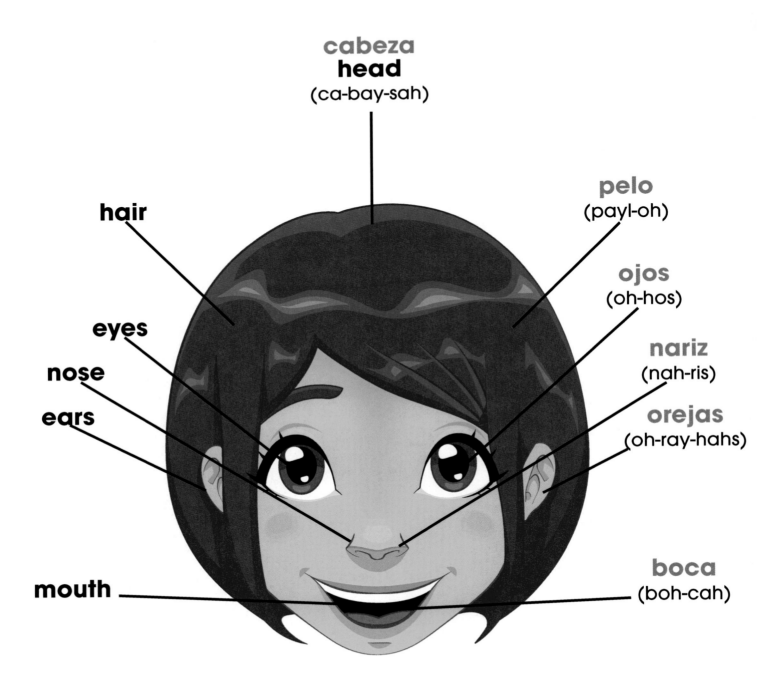

Spanish with Chez - Kindergarten

❀ La cara

Point to and name the parts of the face in Spanish. Face - **cara (cah-rah)**, head - **cabeza (ca-bay-sah)**, hair - **pelo (payl-oh)**, ears - **orejas (oh-ray-hahs)**, eyes - **ojos (oh-hos)**, nose - **nariz (nah-ris)**, mouth - **boca (boh-cah)**.

Spanish with Chez - Kindergarten

Me llamo _____

Paste the cut out parts of the face onto the picture.
You can find and **cut out** the pieces on the next page.

🐾 **TEACHER & PARENT GUIDE**
Paste the parts onto the face. You can find and **cut out** the pieces on the next page.

51

Spanish with Chez - Kindergarten

Cut Out ✂ and glue the pieces onto the face.

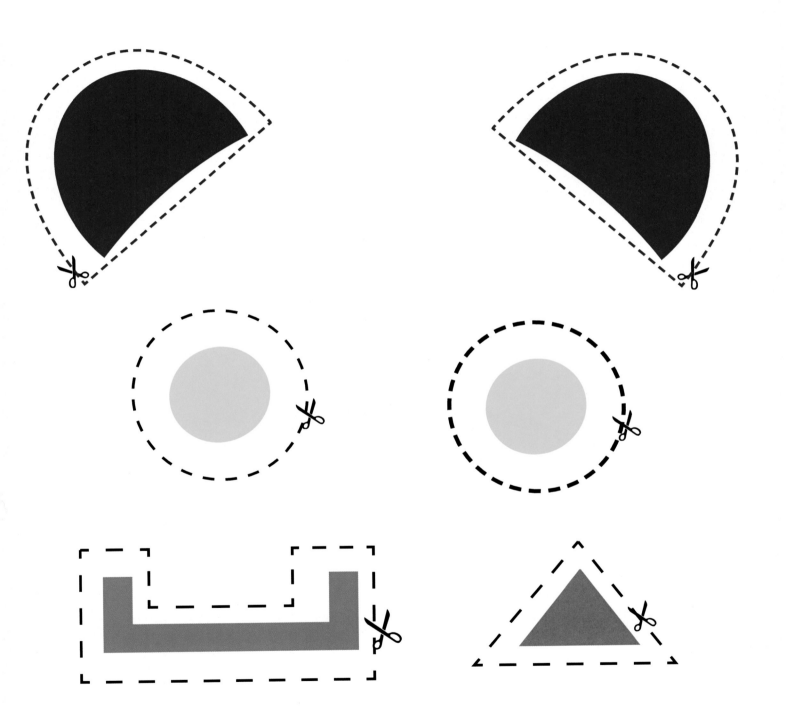

 53

54 🐾

Me llamo

Let's have fun drawing your **face**.
Name the parts in Spanish.

Mi cara

 55

✺Vocabulario

🐾 **touch your** - toca tu **(toh-cah tuh)**

🐾 **your face** - tu cara **(tuh cah-rah)**

🐾 **my face** - mi cara **(mi cah-rah)**

🐾 **face** - cara **(cah-rah)**

🐾 **head** - cabeza **(ca-bay-sah)**

🐾 **hair** - pelo **(payl-oh)**

🐾 **ears** - orejas **(oh-ray-hahs)**

🐾 **eyes** - ojos **(oh-hos)**

🐾 **nose** - nariz **(nah-ris)**

🐾 **mouth** - boca **(boh-cah)**

❧ Las frutas

manzana (apple)   **naranja (orange)**   **uvas (grapes)**

banana (banana)   **fresa (strawberry)**   **piña (pineapple)**

mango (mango)   **sandía (melon)**

Me llamo _____

Colour the **melon.**

sandía

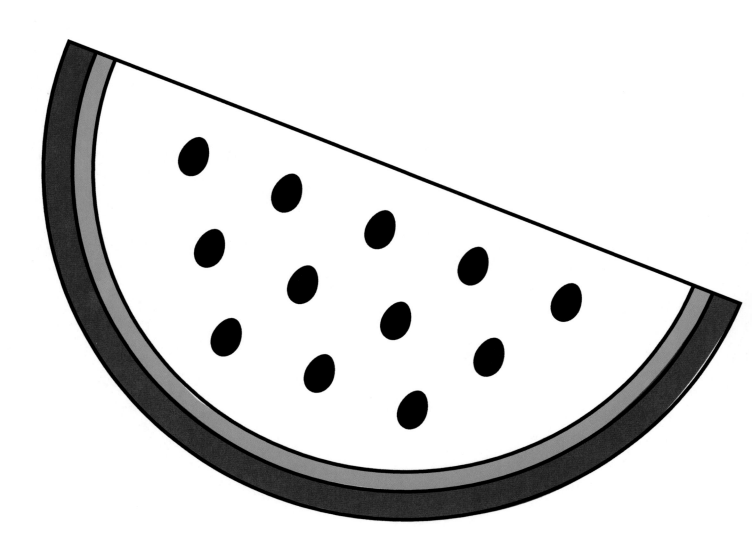

sandía

(san-di-ah)

58

Me llamo

Colour the **banana**.

banana

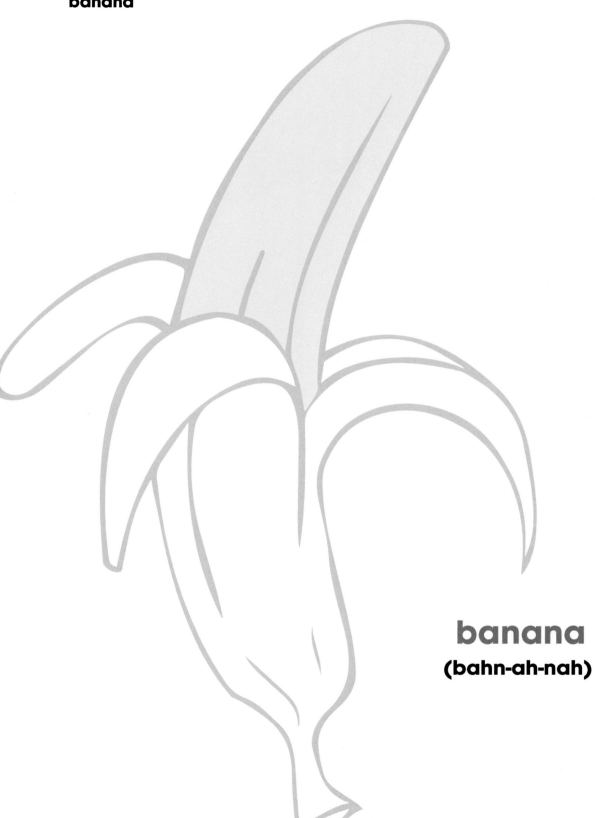

banana

(bahn-ah-nah)

Me llamo

Colour the **mango**.

mango

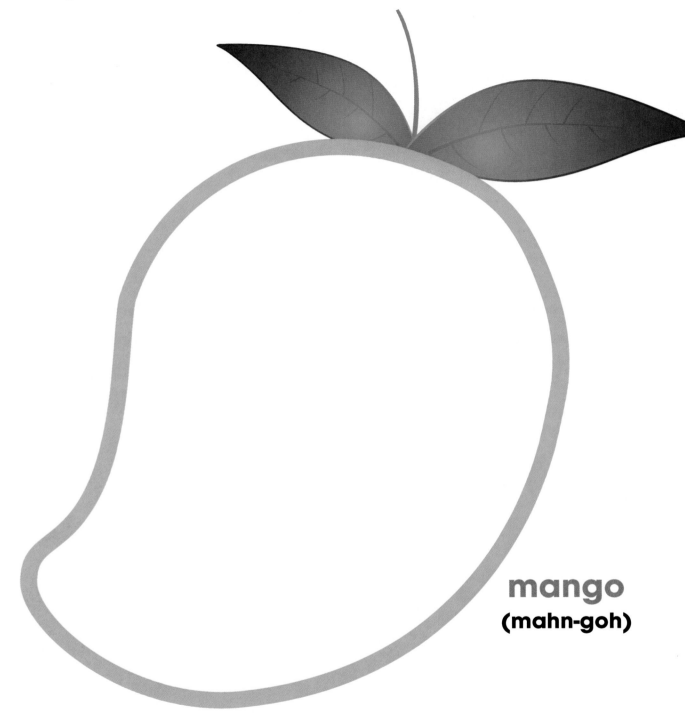

mango
(mahn-goh)

Me llamo

Colour the **strawberry.**

fresa

fresa

(freh-sah)

Me llamo

Colour the **orange**.
naranja

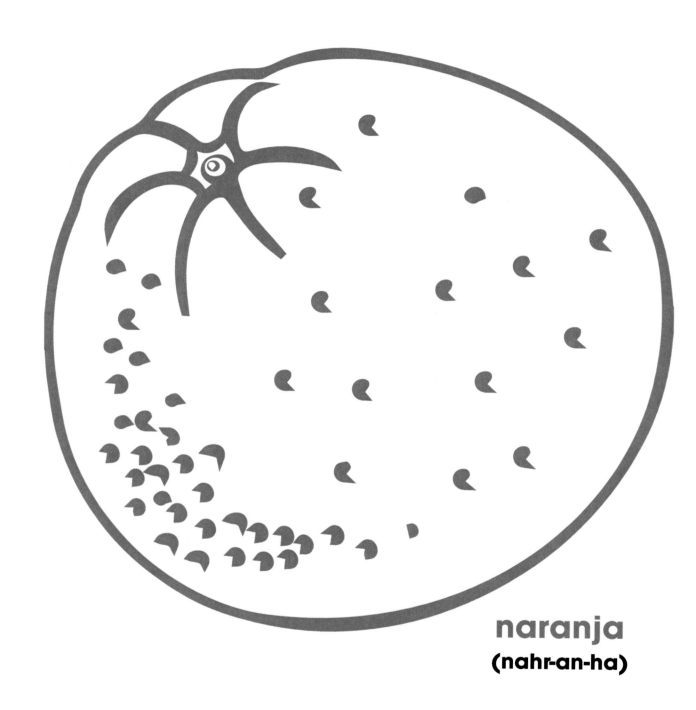

naranja
(nahr-an-ha)

Me llamo

Colour the **apple.**

manzana

manzana

(man-sah-nah)

Me llamo

Colour the **grapes.**
uvas

uvas
(oow-vahs)

Me llamo

Colour the **pineapple.**

piña

piña

(pin-nah)

 65

Me llamo _____

Circle the correct name of the fruit.
The first one is an example.

uvas

sandía   uvas

naranja   mango

mango   sandía

Me llamo

Circle the name of the fruit.

sandía   **mango**

banana   **manzana**

fresa   **sandía**

mango   **piña**

 67

🐾Vocabulario

🐾 **banana** - banana **(bahn-ah-nah)**

🐾 **mango** - mango **(mahn-goh)**

🐾 **orange** - naranja **(nahr-an-ha)**

🐾 **apple** - manzana **(man-sah-nah)**

🐾 **strawberry** - fresa **(freh-sah)**

🐾 **melon** - sandía **(san-di-ah)**

🐾 **grape** - uvas **(oow-vahs)**

🐾 **pineapple** - piña **(pin-nah)**